YOYO RÖHM

So zerstreute sie der HERR
von dort in alle Länder,

dass sie aufhören mussten,
die Stadt zu bauen.

Ich bin nackt
von meiner Mutter Leibe
gekommen, nackt werde ich
wieder dahinfahren.

ULRIK SPIES

JACKI ENGELKEN

Die Füchse haben Gruben und die Vögel
unter dem Himmel haben Nester;
aber der Menschensohn hat nichts,
wo er sein Haupt hinlege.

Ihr sollt nicht meinen, dass ich gekommen bin,
Frieden zu bringen auf die Erde.
Ich bin nicht gekommen, Frieden zu bringen,
sondern das Schwert.

BEN BECKER

Er war in der Welt, und die Welt
ist durch ihn gemacht; aber die
Welt erkannte ihn nicht.

Er kam in sein Eigentum;
und die Seinen nahmen ihn
nicht auf.

GÜNTER JOSECK

FILMORCHESTER BABELSBERG

für Maria B.

Danke an:

Anne Seidel & Lilith, Alexander Koderisch, Anita Schleer, Anna Sofia Ulfsax, Axel Erler, Beate Schaar & Marlene Raab, Bruno Bonfini, Christin Harnack, Chritina Klopfer, Carsten Behrens, Claudia Voelker & Simon Hugo, Daniela Niedermeier, Edith Görlitz, Fiona Benett, Francisca Urio, Frank Bode, Gerd Krüger, Hannelore Kissner, Ira Frauenstein, Johannes Grebert, Katapult, Klaus-Peter Beyer, Knut Eigler, Madlen Ranzinger, Martina Wimmer, Martin Oberhaus, Matthias Schultheiss, Meistersinger, Mel Viston, Monika & Otto, N'gone Thiam, Oberst Christoph, Opa Hubert, Pepi, Peter Radzuhn, Pip & Billie Edwards, Pfarrer H. Scheel, Priscilla Harris, Reinhardt Grahl, Rico Spitzner, Sabine Giese, Stefan Hoffmann, Stepfan Hurst, Stephan Scherer, Thomas Juhl, Tomski Binsert, Vanessa Mason